Autor:	Heinrich Leupoldt KG, D-95163 Weissenstadt
Satz und Layout:	Wittmann, D-96450 Coburg, www.m7b.de
Fotodesign und Styling der Konditoreiwaren und Verpackungen:	Alexander und Antonia Feig, D-95691 Hohenberg, www.feigfotodesign.de
Druck und Bindung:	Druck & Medien Heinz Späthling, D-95163 Weissenstadt

erschienen im Druckereiverlag Heinz Späthling, D-95163 Weissenstadt

3. Auflage April 2011

Impressum

Als Verantwortlicher für unser Familien-Unternehmen in dritter Generation, freue ich mich sehr darüber, daß wir das 100-jährige Jubiläum trotz wirtschaftlich schwerer Zeit mit guten Zukunftschancen begehen können.

Unser reicher Erfahrungsschatz und unsere gut ausgebildeten, hochmotivierten Mitarbeiterinnen und Mitarbeiter geben mir Zuversicht für das zweite Jahrhundert unseres Unternehmens.

Und hier mein Leitspruch:
Die Qualität unseres Denkens entscheidet über die Qualität unseres Handelns, dieses wiederum über die Qualität unserer Produkte und das alleine entscheidet über die Zukunft unseres Unternehmens.

Franz H. Leupoldt

Es gibt fast nichts auf dieser Welt, das sich nicht ein wenig schlechter herstellen ließe, um dann ein wenig billiger verkauft zu werden. Aber die, die ausschließlich auf den Preis sehen, sind die zu Recht Bestraften.

John Ruskin, engl. Kunstkritiker, 1819-1900

Vorwort

Inhaltsverzeichnis

Fränkischer Sauerbraten

mit Soßenkuchen, gedünstetem Apfelblaukraut - Baumwollne Klöß

: Für 4 Personen

1 kg Rinderbraten,
am Besten vom Schlegel
je 50g Sellerie, Karotten,
Zwiebel und Lauch
1 Leupoldt-Soßenkuchen

Beize:
1 Liter Fleischbrühe
2-3 Lorbeerblätter,
4-5 St. Wacholderbeeren
1/8l Essig, 3 EL Zucker,
ein Schuß Rotwein

: Zubereitung

Die Zutaten für die Beize werden gekocht, erkalten lassen und über das Fleisch gießen. Mindestens 2-3 Tage beizen.
Gut abgetrocknet das Fleisch in sehr heißem Fett von allen Seiten anbraten, das Gemüse zufügen und alles gut Farbe nehmen lassen.
Danach die Beize angießen und 2-3 mal einkochen.
Zur Bindung der Soße einen in Rotwein eingeweichten Soßenkuchen zufügen und alles zugedeckt 1 1/2 Std. in vorgeheiztem Ofen köcheln.
Zur Abrundung kann man die passierte Soße mit Sauerrahm abschmecken.
Als Beilage eignen sich am besten Baumwollne Klöße (nur aus gekochten Kartoffeln!) und Blaukraut.

Rezept/

01

Fränkischer Sauerbraten mit Soßenkuchen, gedünstetem Apfelblaukraut und Baumwollnen Klöß

Karpfen in Altbier

mit Soßenkuchensoße, Gemüsestreifen und Salzkartoffeln

: Für 4 Personen

2 3-Pfünder Karpfen
2 Leupoldt-Soßenkuchen
1 Petersilienwurzel
80g Sellerie, 80g Lauch
80g Karotten, 1 Zwiebel
3 Pimentkörner
2 Lorbeerblätter
6 Wacholderbeeren
1/8 l trockener Weißwein
1/2 l Altbier (oder dunkles Bier)
50 g Butter
Essig, Salz

: Zubereitung

Den Fischsud zuerst zubereiten; dabei entsprechendes Geschirr mit ca. 2,5l Wasser füllen, sämtliches Gemüse zufügen, nach Geschmack mit Essig, Weißwein und Salz abrunden. Das Ganze leicht aufkochen lassen. In der Zwischenzeit die Karpfen der Länge nach halbieren. Die Innereien entfernen und gut abwaschen. Die Schleimhaut nicht verletzen! Die Hälften nun in den kochenden Sud setzen und blau ziehen lassen (ca. 20 min.)
Jetzt die polnische Soße zubereiten:
Soßenkuchen mit einem Teil des Bieres einweichen, ca. 1 Liter Fischfond mit den Gemüsestreifen um ein Drittel einreduzieren. Durch Zufügen des eingeweichten Soßenkuchens binden, das restliche Bier dazugeben und das Ganze über die inzwischen angerichteten Karpfen gießen.
Als Beilage: Salzkartoffeln.

Rezept/

02

Karpfen in Altbier
mit Soßenkuchensoße
Gemüsestreifen
und Salzkartoffeln

Hasenrückenfilet in Wacholderrahmsauce mit jungem Zuccinigemüse und Birnenkartoffeln

: Für 4 Personen

2 Hasenrücken
200g Schattenmorellen
1 Leupoldt-Soßenkuchen
1 Zwiebel, kleine Stange Lauch
1 Karotte
Wildgewürze wie
Lorbeer, Wacholder
1 EL Johannisbeergelee
1/2 l Fleischbrühe (Würfel)
1 EL Tomatenmark
1/8 l Rotwein

: Zubereitung

Die Hasenrückenfilets auslösen und kühl stellen. Die Rückenknochen in Stücke hacken und mit sehr heißem Fett anbraten. Das Röstgemüse beifügen, mit dem Tomatenmark versetzen, kurz mit Rotwein ablöschen und mit der Fleischbrühe 2-3 mal stark einkochen. Danach die Soße mit den Wildgewürzen versehen. Den Soßenkuchen in Rotwein einweichen und damit im letzten Drittel der Kochzeit die Soße binden.
Die Filets salzen, pfeffern und in heißem Fett rasch anbraten. Vorsicht! Die Filets müssen noch rosa bleiben!
Mit Sauerkirschen, die kurz in Butter geschwenkt wurden, anrichten und mit der Soße übergießen.
Aus Krokettenmasse geformte Birnenkartoffeln und Zuccinigemüse sind eine ideale Beilage.

Rezept/

03

Hasenrückenfilet in Wacholderrahmsauce mit jungem Zuccinigemüse und Birnenkartoffeln

Blinis

– toll als Beilage zu Wild

: Zutaten

2,5 dl lauwarme Milch
15g Hefe
75g Mehl
40g Buchweizenmehl
3 Leupoldt-Soßenkuchen
1 Prise Salz
1 Eiweiß
50g Butter

: Zubereitung

Hefe in der lauwarmen Milch auflösen, Mehl, Buchweizenmehl, Salz und den zerbröckelten Soßenkuchen dazugeben und zu einem glatten Teig verarbeiten.
Die weiche Butter unter die Masse mischen und etwa 2 Std. bei mässiger Wärme aufgehen lassen. Das Eiweiß zu Schnee schlagen und sorgfältig unter die Masse ziehen.
In heißer Butter 5-6 min. in der Pfanne goldbraun backen und sofort servieren.

Rezept/

04

Blinis
- toll als Beilage zu Wild

Bandnudeln

mit Dörrpflaumen in Apfel-Soßenkuchenschmälze

: Für 4 Personen

300g Mehl
3 Eier
2-3 EL Wasser
1 Leupoldt-Soßenkuchen
200g Backpflaumen
4 cl Rum
2 EL geröstete Mandeln
2 EL Pistazienkerne
1 Zitrone (Saft)
1/2 l Orangensaft
250g Apfelmus

: Zubereitung

Den Nudelteig zubereiten, ruhen lassen, ausrollen, antrocknen und in breite Nudeln schneiden, die man in Salzwasser kocht. Vor Gebrauch in Butter schwenken.
Den Soßenkuchen im Orangensaft einweichen, dann Apfelmus und Zitronensaft dazugeben und aufkochen.
Die Nudeln mit der Soße und den angewärmten Backpflaumen anrichten.
Obenauf mit Mandeln und Pistazien garnieren.

Rezept/

05

Bandnudeln
mit Dörrpflaumen in
Apfel-Soßenkuchenschmälze

Kräuterklopse

mit Soßenkuchen, Bratkartoffeln und Speckbohnen

: Für 4 Personen

500g gemischtes Hackfleisch
1-1 1/2 Leupoldt-Soßenkuchen
2 Eier
Gewürze:
Salz, Muskat, Rosmarin,
Pfeffer, Aromat,
frische Kräuter, Petersilie,
Mayoran, Dill, Liebstöckel
2 Zwiebeln
3 Nelken, 1 Lorbeerblatt
1 kl. Stange Lauch
3 EL Creme fraiche

: Zubereitung

Feingehackte Kräuter, Eier, Gewürze, in Würfel geschnittene Zwiebel und Lauch unter das Hackfleisch mischen.
Zur Bindung einen 1/2 gehackten Soßenkuchen beifügen. Gut einarbeiten und Klopse formen.
Salzwasser mit gespickter Zwiebel zum Kochen bringen und die Klopse drin garen.
Von dem Fond etwa 3/4 l passieren, mit den restlichen Soßenkuchen abbinden und auf gewünschte Konsistenz einkochen.
Evtl. mit Creme fraiche abrunden.
Dazu gibt es Speckbohnen und Bratkartoffeln.

Rezept/

06

Kräuterklopse mit Soßenkuchen, Bratkartoffeln und Speckbohnen

Zwiebelkuchen

: Für 4 Personen

2 Leupoldt-Soßenkuchen
1 Zwiebel in kleinen Würfeln
120g Schinken, kleingeschnitten
2 Eier
200g Frischkäse
Kräuter der Saison
Butterschmalz

: Zubereitung

Soßenkuchen längs in zwei Platten aufschneiden und in Butterschmalz anbraten.
Die Zwiebelwürfel anschwitzen und mit Schinken, Kräutern, Frischkäse und Eiern zu einer Masse verrühren.
Die Soßenkuchen damit dick bestreichen und im Ofen bei ca. 200°C kurz überbacken.
Zum Anrichten diagonal durchschneiden und mit Kräutern verzieren.

Rezept/

07

Zwiebelkuchen

Semmel-Kloß

die ideale Beilage zu Wildgerichten und deftigen Braten

: Für 4 Personen

6-8 altbackene Brötchen
2 Leupoldt-Soßenkuchen
1/4 l Milch
2 Eigelb
Pfeffer, Salz
Petersilie

: Zubereitung

Den Soßenkuchen und die Brötchen in kleine Stücke brechen und die mit dem Eigelb verquirlte Milch darübergeben.
Kurz weichen lassen, fein gehackte Petersilie dazugeben, gut durchkneten und die Klöße in der gewünschten Größe formen.
In kochendem Salzwasser ca. 20 Min. leicht sprudelnd garen lassen.
Zum Servieren in fingerdicke Scheiben aufschneiden.

Rezept/

08

Semmelkloß -
die ideale Beilage
zu Wildgerichten und
deftigen Braten

Leber-Spätzle-Suppe

: Für 4 Personen

150g Geflügelleber
2 Brötchen
1 Leupoldt-Soßenkuchen
1 Eigelb
1/4 l Geflügelfond
Pfeffer, Salz, Zwiebeln
1/2 l Wasser
4 cl Sherry (trocken)

: Zubereitung

Die Leber mit dem Eigelb, Soßenkuchen und Brötchen im Mixer pürieren und mit Pfeffer und Salz würzen.
Die Masse mit dem Spätzlehobel in kochendes Salzwasser reiben und 10 Min. köcheln lassen.
Die Zwiebelringe in Butterschmalz anrösten und den Geflügel-Fond mit 1/2 l Wasser und Sherry dazugießen. Mit Pfeffer und Salz abschmecken.
Die Leberspätzle abschöpfen und in die vorbereitete Suppe geben, kurz ziehen lassen und mit fein gehackter Petersilie anrichten.

Rezept/

09

Leber-Spätzle-Suppe

G'schnetzeltes "Fränkisch"

mit Speckrösti und Feldsalat

: Für 4 Personen

600g Schweinelende geschnetzelt
1 Zwiebel
1/2 Leupoldt-Soßenkuchen
1/4 l saure Sahne
1/4 trockenen Frankenwein
2 EL Estragonessig
1 EL Tomatenmark
1 TL süßer Senf
Mayoran, Pfeffer, Salz

Speckrösti:
100g Schinkenspeck
600g Kartoffeln

: Zubereitung

Geschnetzelte Lende in heißem Butterschmalz unter Wenden ca. 1 min. scharf anbraten. Aus der Pfanne nehmen, Zwiebelwürfel in Butter andünsten, mit Mehl bestäuben und goldgelb anschwitzen. Den in Wein gelösten Soßenkuchen, Sahne, Tomatenmark und Senf einrühren und aufkochen.
Fleischstreifen in die Soße schütten und mit Estragonessig, Pfeffer, Salz und Mayoran abschmecken.

Speckrösti:
Speck kleinschneiden und in einer schweren Pfanne auslassen. Geschälte Kartoffeln grob raspeln und in den heißen Speck geben. Breitdrücken, mit Pfeffer und Salz würzen und von jeder Seite braun braten.

Rezept/

10

G'schnetzeltes "Fränkisch" mit Speckrösti und Feldsalat

Leupoldts Rumkugeln

zu Tee und Mocca oder in Likör gesetzt

: Zutaten

250g Puderzucker
180g Palmin
1 Ei
2 Päck. Vanillezucker
3 EL Kakao
1 Tasse Rum
4 Leupoldt-Soßenkuchen
1 Packung Kokosflocken

: Zubereitung

Den Soßenkuchen zerbröseln und mit dem Rum tränken. Puderzucker und Ei schaumig rühren, dann den Vanillezucker und Kakao untermengen. Soßenkuchen und das geschmolzene, aber nicht mehr heiße Palmin zugeben, zu einem Teig verkneten und 2 Std. in den Kühlschrank stellen.

Die kalte Masse zu Kugeln formen und sofort in Kokosflocken wälzen.

Rezept/

11

Leupoldts Rumkugeln
zu Tee und Mocca
oder, wie hier, in Likör gesetzt

Gebackener Apfel

nicht nur zur Weihnachtszeit...

: Für 4 Personen

50g Zucker
75g Butter
Saft (einer) 1/2 Zitrone
4 Äpfel (Granny Smith, Cox o.ä.)
60g Haselnußblätter
20g Pistazien
Pinienkerne
2 Leupoldt-Soßenkuchen in Rum (nach Geschmack), Saft einer Zitrone und einer Tasse Orangensaft geweicht

: Zubereitung

Zucker und Butter unter ständigem Rühren hellbraun karamelisieren; den geweichten Soßenkuchen dazugeben und leicht dicklich einkochen.
In Rum geweichte Soßenkuchen einrühren.
Bei den Äpfeln das Kerngehäuse ausstechen und die Schale mit dem Messer einmal rundum einritzen, damit sie beim Backen nicht reißt.
Äpfel in feuerfeste Form setzen und die vorbereitete heiße Creme darübergeben. 7-8 min. im 200°C heißen Ofen backen, zwischendurch mehrmals mit der entstehenden Soße begießen.
Zum Servieren mit Nüssen und/oder Mandeln bestreuen oder spicken.

Rezept/

12

Gebackener Apfel
nicht nur zur Weihnachtszeit...

Bayerische Weihnachtscreme

: Für 10 Personen

6 dl Milch
1 Prise Salz
120g Zucker
2 Leupoldt-Soßenkuchen
5 Eigelb
1/2 Vanilleschote
6 Blatt Gelantine
3 dl Schlagsahne

: Zubereitung

Die Gelantine in Wasser, den Soßenkuchen extra mit ca. 1/3 der Milch weichen. Die 2/3 Restmilch mit einer Prise Salz auf dem Siedepunkt ziehen lassen.
Eigelb und Zucker schaumig schlagen, danach die Milch unter starkem Rühren unter die Ei-Zucker-Masse mischen.
Das Ganze zurück in die Kasserolle, erhitzen und bis zur Rose abziehen (ca. 83-85°C). Leicht abkühlen lassen. Den geweichten Soßenkuchen und die ausgedrückte Gelantine zugeben - im kalten Wasserbad rasch abkühlen.
Kurz vor dem Sulzen mit der geschlagenen Sahne versetzen, in Förmchen abfüllen und mindestens 2 Std. kaltstellen.
Vor dem Stürzen die Förmchen kurz in heißes Wasser tauchen.
Auf Frucht- oder Schokososse anrichten, mit Sahne und gehackten Pistazien verzieren.

Rezept/

13

Bayerische Weihnachtscreme

Gewürzwaffeln

: Zutaten

2 Leupoldt-Soßenkuchen
80g Butter
60g Zucker
1 Päck. Vanillezucker
3 Eier
1/4 l Milch
200g Mehl
0,2 l süße Sahne
1 kl. Glas Sauerkirschen

: Zubereitung

Den Soßenkuchen mit der Milch bis zur vollständigen Auflösung weichen.
Die Butter mit Zucker schaumig schlagen, dann nach und nach die Eier zugeben.
Das mit Mehl vermischte Backpulver gesiebt daruntermischen und den geweichten Soßenkuchen dazugeben. Weitere Rum-Milch (nach Geschmack gemischt) dossiert zugießen bis eine dickflüssige Masse entsteht...
Im Waffeleisen ausbacken.
Sahne steif schlagen, mit den abgetropften Kirschen versetzen und zwei EL auf die nicht mehr ganz heißen Waffeln geben. Puderzucker obenauf sieben und servieren.

Rezept/

14

Gewürzwaffeln

Tiramisu

- fränkisch - das zieht mich hoch!

: Für 8 Personen

1 Zitrone (unbehandelt)
für den Schalenabrieb
500g Mascarpone
(ersatzweise: 300g Sahnequark
und 200g Crème fraiche)
4 Eigelb (von sehr frischen Eiern)
4 EL Zucker
2 Tässchen Mocca oder Espresso
mit 4 cl Weinbrand oder
Moccalikör gemischt
3 Leupoldt-Soßenkuchen
ungesüßtes Kakaopulver

: Zubereitung

Eigelb und Zucker mit einem Rührgerät auf höchster Stufe schaumig schlagen. Löffelweise den Mascarpone dazugeben und den Schalenabrieb der Zitrone.
Den Soßenkuchen quer in 1/2 oder 1 cm dicke Streifen schneiden und mit der halben Menge die Kuchen- oder Rechteckform auslegen. Diesen Boden mit der Hälfte des Espresso-Weinbrand-Gemisches tränken.
Danach die erste Hälfte der Mascarponecreme auffüllen und glattstreichen. Die zweite Hälfte Soßenkuchenstreifen auflegen und mit der restlichen Creme auffüllen.
5 Std. in den Kühlschrank stellen und vor dem Servieren mit Kakaopulver bestäuben.

Rezept/

15

Tiramisu
fränkisch - das zieht mich hoch!

Kokos-Würfel

für die Blaue Stunde oder zum Digestif

: Zutaten

4 Leupoldt-Soßenkuchen
5 EL Kakao
5 EL Puderzucker
2 Eier
200g Kokosflocken
250g Palmin
Rum nach Geschmack

: Zubereitung

Die Soßenkuchen in gleichmäßige Würfel schneiden.
Den Puderzucker und die Eier schaumig rühren, den Kakao beimengen.
Danach das geschmolzene, aber nicht mehr heiße Kokosfett zugeben und mit Rum abschmecken.
Die Würfel eintunken und anschließend gleich in den Kokosflocken wenden.

Rezept/

16

Kokos-Würfel
für die Blaue Stunde
oder zum Digestif

Fränkische Kirschtorte

ohne Backen – aus dem Kühlschrank

: Zutaten

5 Leupoldt-Soßenkuchen
275g Butter
120g Puderzucker
6 Eigelb (von sehr frischen Eiern)
Vanillezucker
Zitronenabrieb
1 Prise Salz
2 EL Cointreau
500g Quark
250g Sahne
7 Blatt Gelantine
1 Glas Sauerkirschen

: Zubereitung

3 Soßenkuchen klein hacken, mit 125g erhitzter Butter zu einem Teig kneten und den Boden einer Springform damit auslegen. Für den Zwischenboden 2 Soßenkuchen in je 3 Platten schneiden. Für die Füllung 150g weiche Butter mit dem Puderzucker schaumig schlagen, nach und nach Eigelb, Salz, Vanillezucker, Zitronenabrieb und Cointreau dazugeben. Den Quark und die geschlagene Sahne beifügen. Die in kaltem Wasser geweichte und ausgedrückte Gelantine erwärmen und in die Masse rühren. Die Hälfte davon auf den Boden geben, Sauerkirschen einsetzen und glattstreichen. Die aufgeschnittenen Soßenkuchen auflegen und mit wenig Kirschsaft tränken. Zweite Hälfte Füllung obenauf, Sauerkirschen dazu und glattstreichen.
Für ca. 6 Std. in den Kühlschrank, danach zum Servieren mit geschabter Schokolade bestreuen.

Rezept/

17

Fränkische Kirschtorte ohne Backen - aus dem Kühlschrank

Domino-Steine

: Zutaten

Leupoldt-Soßenkuchen
Pflaumenmus
Honig, Rum
Mandelsplitter
Rosinen
Kuvertüre
Mengen nach Wunsch,
Variationen nach Lust und Laune

: Zubereitung

Den Soßenkuchen mit der Brotschneidemaschine in drei gleichmäßig dünne Platten schneiden.
Die erste Platte 2mm dick mit Pflaumenmus bestreichen und Mandelsplitter darüber streuen, die zweite auflegen, mit Rum tränken, Honig aufstreichen, Rosinen auflegen und mit der dritten Platte abdecken.
Die Kuvertüre im Wasserbad erhitzen, mit Kokosfett verdünnen.
Den gefüllten Soßenkuchen in mundgerechte Würfel schneiden.
Nun die einzelnen Dominosteine durch die Kuvertüre ziehen und zum Abtropfen auf ein Sieb geben.
Danach kühl stellen.

Rezept/

18

Domino-Steine

Parfait

feines, halbgefrorenes Dessert mit Leupoldt-Soßenkuchen

: Für 8 Personen

1 Ei
3 Eigelb (von sehr frischen Eiern)
100g Puderzucker
1/2l geschlagene Sahne
100g Leupoldt-Soßenkuchen
1/2 Vanilleschote
1 Prise Lebkuchengewürz
1 TL Honig
Rum zum tränken

: Zubereitung

Soßenkuchen in sehr kleine Würfel schneiden und mit Rum tränken.
Den Puderzucker mit dem Ei und den drei Eigelb erst im warmen Wasserbad schaumig schlagen.
Die Schüssel mit der Schaummasse in eine zweite, mit Eiswürfeln gefüllte Schüssel stellen und die Masse weiterschlagen, bis sie kalt ist.
Soßenkuchen-Würfel, Zucker-Ei-Masse, geschlagene Sahne, Honig, Lebkuchengewürz und den Inhalt der Vanilleschote behutsam vermischen und in einer geeigneten Form gefrieren.
Mit Fruchtsoßen und Früchten angerichtet wird daraus ein ganz besonderes Dessert.

Rezept/

19

Parfait
Feines, halbgefrorenes Dessert
mit Leupoldt-Soßenkuchen

Soßenkuchen-Soufflé

mit Zimtsabayon

: Für 4 Personen

100g Quark
100g klein gehackter
Leupoldt-Soßenkuchen
4 Eiweiß, 3 Eigelb, 70g Zucker
1/2 Zitronenschale gerieben

Zutaten für die Zimtsabayon:
1/8 l süße Sahne,
1 Prise Salz, 1 Zimtstange,
2 Eigelb, 1 ganzes Ei
60g Zucker, 1/4 TL Zimt

: Zubereitung

Den Quark mit Eigelb, Zitronenschale und dem Soßenkuchen verrühren. Eiweiß mit Zucker zu weichem Schnee schlagen. Vorsichtig unter die Soßenkuchenmasse heben.
Die Masse in gebutterte und gezuckerte Förmchen geben. In eine feuerfeste Schüssel Wasser füllen, so daß die Förmchen bis zu 2/3 im Wasser stehen können. Die Schüssel mit den Förmchen kommt bei 200°C für 20-25 min. in den Ofen.

Zubereitung der Zimtsabayon:
Sahne, Salz und Zimtstange aufkochen und Zimtstange entfernen. Eigelb, ganzes Ei und Zucker schaumig rühren, die kochende Sahne langsam eingießen und über Wasserdampf dicklich aufschlagen.
Zum Schluß den Zimt einrühren.

Rezept/

20

Soßenkuchen-Soufflé mit Zimtsabayon

02. Firmengeschichte

Im Januar 1905 kaufte der Konditormeister Adam Leupoldt das Wohn- und Geschäftshaus eines Spezereiwarenhändlers am Marktplatz in Weißenstadt und richtete dort eine Konditorei mit Café und Lebküchnerei ein. Während seiner Wanderjahre war er in einer ganzen Reihe der damals namhaften Konditoreibetrieben in Deutschland tätig und hat sich von dort eine reiche Erfahrung und einen großen Rezept-Schatz mitgebracht.

Da das Geschäft mit Konditorei-Produkten, bedingt durch die geringe Einwohnerzahl und das damals verständlicherweise niedrige Einkommen, nicht befriedigte, suchte Adam Leupoldt nach Wegen, um einige Spezialitäten überregional zu vertreiben. Ganz besonders erfolgreich war er dabei mit Oblaten-Lebkuchen, die er während der Saison an eine ganze Reihe von Feinkostgeschäften im nordbayerischen Raum, in Thüringen und in Sachsen, lieferte. Parallel dazu entwickelte sich auch der in der Region zur Bereitung von Sauerbraten-Soße verwendete Soßenkuchen zu einem ganzjährigen guten Umsatzträger. Dieser Soßenkuchen wurde schon sehr früh auch von einigen Großhändlern mit vertrieben.

Ein starker Rückgang des Geschäftes zeichnete sich während des 1. Weltkrieges und der sich daran anschließenden Rezession ab. Danach ging es aber wieder stetig aufwärts. 1934 übernahm der älteste Sohn, Heinrich Leupoldt, den elterlichen Handwerksbetrieb und verlagerte ihn in das inzwischen total renovierte und auf die Bedürfnisse eines modernen Konditorei- und Café-Betriebes eingerichteten Hauses in der Wunsiedler Straße. Trotz des Fremdenverkehrs, der inzwischen auch

Gründungsjahr/
1905

Marktplatz in Weißenstadt
im Gründungsjahr 1905.
Links Konditorei und Café von Adam Leupoldt.

im Fichtelgebirge aufblühte und der zu einer Belebung des Geschäftes sowohl in der Konditorei als auch im Café führte, war Heinrich Leupoldt mit den Gegebenheiten nicht zufrieden. Er sah die einzige Chance in der rationellen Fertigung einiger hochwertiger Konditorei-Spezialitäten, von denen er sich wiederum den Oblaten-Lebkuchen während der Saison, die damals natürlich erst unmittelbar vor dem 1. Advent begann, widmete. Durch den glücklichen Umstand, dass ihm eine tüchtige Ehefrau auch im Geschäft zur Seite stand, war es Heinrich Leupoldt möglich, an einigen Nachmittagen in der Woche mit PKW und Anhänger Einzelhandelsgeschäfte in der Umgebung zu beliefern. Als Heinrich Leupoldt und seine männlichen Mitarbeiter 1940 zum Militärdienst eingezogen wurden, führte die Ehefrau Alma den Betrieb mit einem Lehrling und einigen weiblichen Aushilfen weiter, bis der Betrieb geschlossen werden musste, da ja nicht kriegswichtig, und deshalb keine Rohstoffe mehr vorhanden waren.

Nach der Rückkehr aus der Gefangenschaft begannen Heinrich Leupoldt und seine Ehefrau 1946 wieder als Zwei-Mann-Betrieb. Wirklich gute „vorkriegsmäßige" Konditoreiwaren wurden praktisch nur im Kundenauftrag gefertigt, das heißt die Kunden brachten die erforderlichen Zutaten und konnten dann Torten und Feingebäck zu den jeweiligen Familienfesten abholen. In ähnlicher Weise wurden auch die am Ort stationierten amerikanischen Soldaten mit Konditoreiwaren versorgt. Diese Art von Kleinbetrieb war für den aktiven Konditormeister Leupoldt nicht befriedigend und er suchte nach Wegen, um auch ohne Zucker süße Backwaren herzustellen.

Geschäftsjahr/

1910

Die Gründerfamilie:
Adam und Elise Leupoldt mit ihrem
4jährige Sohn Heinrich.

Dabei erinnerte er sich des Verfahrens für die Herstellung von Bier-Maische. Er konnte auf Mehl-Bezugsscheine Malzmehl kaufen, das er dann in Kochvorgängen durch Enzymumwandlung in eine süße Malzmaische verwandelte. Aus dieser Süßmasse und dunklem Weizenmehl entstanden dann kleine, gefüllte Gebäck-Schnitten, die, obwohl aromatisch und süß, auf Schwarzbrotmarken zu kaufen waren. Von da an standen sowohl die Verbraucher als auch viele Großhandelskunden, die ebenfalls wieder mit ihrem Geschäft anfingen, in Weißenstadt Schlange. Trotz restloser Auslastung der Kapazitätsreserven reichten die Mengen nicht, um alle Kundenwünsche zu befriedigen. Ein Umstand, der in der späteren Firmengeschichte noch einige Male eintrat.

Durch diese Übergangslösung konnte ein guter Personalstamm aufgebaut werden, mit dem dann ab 1948 die Produktion und Fabrikation wieder systematisch ausgeweitet werden konnte.

1950 übernahm Heinrich Leupoldt dann eine kleine Spezialbäckerei, die sich auf das Backen von Pumpernickel spezialisiert hatte, und deren Inhaber nach Australien auswandern wollten. Dieses für ihn völlig neue Fachgebiet war für den Konditormeister Heinrich Leupoldt, der nur in englischer Gefangenschaft kurzfristig mit Brotbacken in Kontakt gekommen war, eine willkommene Herausforderung und aus dem bei der Übernahme mit einem Bäcker und vier Teilzeit-Beschäftigten arbeitenden Vollkorn-Betrieb, ist inzwischen die weit über Deutschland hinaus bekannte PEMA entstanden.

Geschäftsjahr/

1910

Konditorei & Café
In diesem Haus am Marktplatz in Weißenstadt begann Adam Leupoldt am 2. Juni 1905 sein Geschäft, wo er neben Konditoreiwaren auch Lebkuchen und Soßenkuchen produzierte.

Parallel entwickelte sich jedoch auch der „süße Bereich" recht positiv, auch wenn die „Brot-Tochter" der „Lebkuchen-Mutter" sehr schnell über den Kopf gewachsen ist. LEUPOLDT Oblaten-Lebkuchen gewannen ab Anfang der 50er Jahre von Oberfranken ausgehend immer mehr an Boden. Entscheidend dazu beigetragen hat die im Hause Leupoldt schon immer vorhandene große Bereitschaft zur Technik. So wurde 1961 ein total neuer Lebkuchenbetrieb mit der ersten kontinuierlich arbeitenden Trocken- und Backstraße für Oblaten-Lebkuchen in Betrieb genommen. Der entscheidende Engpass für eine weitere Kapazitätsausweitung war jedoch das recht aufwendige Formen der Oblaten-Lebkuchen mit Halbautomaten, die jeweils 2 Bedienungspersonen benötigten. Deshalb haben sich Heinrich Leupoldt und sein Sohn Franz, der 1960 in das Unternehmen eingetreten war, mit diesem technischen Problem ganz besonders intensiv befasst. Durch eine Patent-veröffentlichung stieß man auf einen Konstrukteur, der sich ebenfalls eingehend mit diesem Problem befasst hatte. Interessanterweise hatte jeder der beiden Partner bis dahin nur Teilbereiche der Automation gelöst, so dass man durch Zusammenlegen des jeweils erreichten technischen Standes einen funktionsfähigen Automaten bauen konnte.

1965 lief in Weißenstadt die erste vollautomatische Fertigungs-Anlage für Oblaten-Lebkuchen, mit der auf einen Schlag sieben der herkömmlichen Automaten und damit 14 Personen ersetzt werden konnten. Im darauffolgenden Jahr wurden die ersten Anlagen dieser Serie auch für andere Lebkuchen-Betriebe insbesondere in Nürnberg, gebaut und geliefert. Die Wiege der vollautomatischen Fertigung von Oblaten-Lebkuchen stand aber in Weißenstadt im Fichtelgebirge.

Geschäftsjahr/

1938

Der derzeitige geschäftsführende Gesellschafter Franz H. Leupoldt in Alter von 3 Jahren "in voller Aktion".

Parallel zu diesen Oblaten-Lebkuchen hatte sich jedoch das älteste, im Hause Leupoldt schon fabrikationsmäßig gefertigte Produkt, der Soßenkuchen, zu einem starken Produkt entwickelt. Auch hier hat man lange vor dem Wettbewerb den Schritt zur automatischen Fertigung getan und war dadurch in der Lage, Qualität und Preis auf einem so günstigen Stand zu halten, dass von Anfang 1950 noch etwa 10 verschiedene Fabrikaten der LEUPOLDT Soßenkuchen als absoluter Marktführer mit über 90% im Hauptabsatzgebiet Nordbayern, Thüringen und Sachsen geworden ist.

Die konsequente Ausnutzung all der technischen Möglichkeiten, die ohne Beeinträchtigung der Qualität realisierbar waren, hat das Unternehmen zu seiner heutigen Bedeutung geführt und die einhundertjährige Tradition begründet. Franz H. Leupoldt und seine Ehefrau, Dr. Laura Krainz-Leupoldt führen heute das Unternehmen in dritter Generation und haben sich im Hinblick auf die Fortführung der Tradition noch viel vorgenommen.

Geschäftsjahr/

1949

Das erste neue Lieferfahrzeug für Leupoldt Lebkuchen und Soßenkuchen nach dem zweiten Weltkrieg (1949). Davor lieferte Heinrich Leupoldt seine Erzeugnisse mit einem Opel P4 und einem Hansa-Dreirad aus.

03. Konditoreiwaren

Punschkartoffel

seit/
1905

Diese Punschkartoffel gibt es in der Konditorei Leupoldt seit 1905.

Havanna-Torte

Diese Havanna-Torte, als ganz besondere, eigenständige Spezialität.

seit/

1935

Arrak-Sahne-Pfirsich

seit/

1955

Diesen Arrak-Sahne-Pfirsich brachte Franz Leupoldt 1955 ins Unternehmen.

04. Verpackungsentwicklung

Verpackungsentwicklung

Geschäftsjahr/

1950

Verpackungsentwicklung

Geschäftsjahr/
1960

Verpackungsentwicklung

Geschäftsjahr/

1965

1975

1970

Verpackungsentwicklung

Geschäftsjahr/

1970/1975

Verpackungsentwicklung

Geschäftsjahr/

1980

Geschäftsjahr/
1985

Verpackungsentwicklung

Verpackungsentwicklung

Geschäftsjahr/

1990

Geschäftsjahr/

1990

Verpackungsentwicklung

Verpackungsentwicklung

Geschäftsjahr/

1995

Geschäftsjahr/
2005

Verpackungsentwicklung